Jonas Brothers de A a Z

Este livro segue as normas do novo ACORDO ORTOGRÁFICO

Guia não autorizado

3ª impressão

Tory Oliveira

PANDA BOOKS

Diretor editorial	**Marcelo Duarte**
Coordenadora editorial	**Tatiana Fulas**
Assistente editorial	**Karina Danza**
Projeto gráfico e diagramação	**Ana Miadaira**
Ilustração da capa	**Baptistão**
Fotos	**Acervo da autora** **Getty Images (pp. 6, 10 e 15)**
Colaboração	**Beatriz Duarte**
Revisão	**Ana Maria Barbosa** **Alessandra Miranda de Sá**

CIP - BRASIL. CATALOGAÇÃO NA FONTE
SINDICATO NACIONAL DOS EDITORES DE LIVROS, RJ

O52j
Oliveira, Tory
Jonas Brothers de A a Z: guia não autorizado / Tory Oliveira. - São Paulo: Panda Books, 2009.

1. Jonas Brothers (grupo musical) - Literatura infantojuvenil. 2. Músicos de rock - Estados Unidos - Literatura infantojuvenil. I. Título.

CDD: 927.8042
09-0074. CDU: 929:78.067.26

2010

Panda Books
Um selo da Editora Original Ltda.
Rua Henrique Schaumann, 286, cj. 41 - 05413-010 - São Paulo - SP
Tel./Fax: (11) 2628-1323
edoriginal@pandabooks.com.br
www.pandabooks.com.br

Para a minha família, que me ensinou a amar a música.

E para Bia Duarte, Rô e Ana, que me ensinaram a amar outras músicas.

PAUL KEVIN II

ONDE NASCEU: Na cidade de Teaneck, no estado de New Jersey, Estados Unidos. Teaneck foi fundada em 1895 e possui cerca de 39 mil habitantes.

QUEM MAIS NASCEU EM TEANECK: O criador e produtor executivo do seriado *Lost*, Damon Lindelof. Curiosamente, a misteriosa série sobre sobreviventes de um acidente de avião é uma das favoritas dos Jonas Brothers.

QUANDO NASCEU: No dia 5 de novembro de 1987. A atriz Tatum O'Neal, a mais jovem ganhadora do Oscar até hoje, também nasceu no dia 5 de novembro. Ela levou a estatueta do Oscar para casa aos dez anos, em 1974.

O QUE TOCA NO SEU IPOD: John Mayer. A música favorita de Kevin, *3x5*, é dele.

ALTURA: 1,80 m.

ATORES FAVORITOS: James Dean e Rachel McAdams.

COR FAVORITA: Verde.

ESPORTE FAVORITO: Badminton, esporte parecido com o tênis.

MATÉRIA FAVORITA NO COLÉGIO: História.

CANHOTO OU DESTRO: Destro.

VÍDEO CURIOSO NO YOUTUBE: Kevin aos oito anos cantando a música gospel *I am amazed.*

SIGNO: Escorpião.

NÃO PODE FALTAR NO GUARDA-ROUPA: Ele gosta de usar peças com um toque de *vintage*, como gravatas mais antigas e coletes.

NÃO PODE FALTAR NA GELADEIRA: Bolo de chocolate.

HABILIDADES MUSICAIS: Guitarra e violão. Kevin conta que aprendeu a tocar violão sozinho, quando estava doente e impossibilitado de ir para a escola. O primeiro show que ele viu na vida foi o da banda *punk-hardcore* MxPx.

TELA GRANDE, TELA PEQUENA: Seu filme favorito é *Grande garoto* (2002), dirigido por Chris e Paul Weitz, e estrelado por Hugh Grant e Rachel Weisz. Na televisão, gosta do seriado *Heroes* e de *Lost* ("até a terceira temporada").

ENTRE OS JONAS BROTHERS, KEVIN É O MAIS... Cavalheiro. "Eu acho que rapazes devem abrir a porta para uma garota sempre que tiverem a chance. Eles devem tentar tomar conta delas o máximo possível. Apesar de tudo, elas são como princesas."

COMO SERIA O ENCONTRO PERFEITO: Um jantar romântico na cidade de Nova York, seguido de um show na Broadway. No final, acompanhar a garota até a casa dela.

GAROTA IDEAL: Kevin admite ter um fraco por loiras e ruivas. Apesar disso, ele garante que possuir um sorriso cativante faz toda a diferença.

GAROTA PESADELO: Para ele, a coisa mais irritante do mundo é aquela garota que fica enviando mensagens de celular o tempo todo.

JOSEPH ADAM JONAS

ONDE NASCEU: Na cidade de Casa Grande, no estado do Arizona, Estados Unidos. A cidade natal de Joe foi fundada em 1879 e possui cerca de 39 mil habitantes.

QUEM MAIS NASCEU NO ARIZONA: A ex-American Idol Jordin Sparks, em 22 de dezembro de 1989. Ela defendeu os Jonas Brothers durante o MTV Video Music Awards de 2008, ao declarar: "Não é uma coisa ruim usar um anel da pureza porque nem todo mundo – seja garoto ou garota – gosta de agir de maneira promíscua".

QUANDO NASCEU: Joe nasceu no dia 15 de agosto de 1989. Ben Affleck também faz aniversário na mesma data. Nascido em 1972, o ator ganhou um Oscar pelo Melhor Roteiro Original do filme *Gênio indomável*, em 1997.

O QUE TOCA NO SEU IPOD: As bandas My Chemical Romance, Switchfoot, Hello Goodbye e D.A.N.C.E. A música favorita de Joe é *Only hope*, da banda Switchfoot.

ALTURA: 1,78 m.

ATORES FAVORITOS: Jim Carrey e Natalie Portman.

COR FAVORITA: Azul.

ESPORTE FAVORITO: Futebol.

MATÉRIA FAVORITA NO COLÉGIO: Matemática.

CANHOTO OU DESTRO: Destro.

VÍDEO CURIOSO NO YOUTUBE: Joe caiu durante a apresentação dos Jonas Brothers no American Music Awards de 2008. A trapalhada acabou no YouTube (Procure por "Jonas Brothers - AMA performance").

SIGNO: Leão.

NÃO PODE FALTAR NO GUARDA-ROUPA: Ternos, mas sempre com um toque inusitado de rock'n'roll. Tênis de estilo retrô também não podem faltar.

NÃO PODE FALTAR NA GELADEIRA: Gatorade de laranja.

HABILIDADES MUSICAIS: Ele é um excelente *frontman*: além de cantar, é responsável por manter a plateia sempre animada. Suas maiores inspirações nesse aspecto são o líder dos Rolling Stones, Mick Jagger, e Freddy Mercury, do Queen. Joe também se arrisca na guitarra e na percussão.

TELA GRANDE, TELA PEQUENA: Joe é grande fã de todos os filmes do James Bond. Na televisão, ele não perde os episódios das séries *Lost* e *Heroes*.

ENTRE OS JONAS BROTHERS, JOE É O MAIS... Engraçado. Está sempre fazendo imitações e piadas, e realmente adora quando consegue fazer alguém dar risada. Antes de se decidir pela música, Joe queria ser comediante.

COMO SERIA O ENCONTRO PERFEITO: Para Joe o encontro perfeito seria uma partida de boliche. Quem sabe ele não faz um *strike* no coração da garota sortuda?

GAROTA IDEAL: Joe adora garotas talentosas. Para ele, toda garota possui alguma característica especial ou única e é "muito legal quando ela não tem medo de compartilhar isso com todo mundo".

GAROTA PESADELO: Garotas que fumam ou usam drogas estão fora do coração de Joe.

NICHOLAS JERRY JONAS

ONDE NASCEU: Na cidade de Dallas, no estado do Texas. A cidade foi fundada em 1856 e possui aproximadamente 1,2 milhão de habitantes.

QUEM MAIS NASCEU EM DALLAS: O *rapper* Usher, em 14 de outubro de 1978, e os irmãos e atores Luke e Owen Wilson, em 21 de setembro de 1971 e 18 de novembro de 1968, respectivamente. A amiga e cantora Demi Lovato também nasceu em Dallas.

QUANDO NASCEU: No dia 16 de setembro de 1992. O lendário músico de blues e jazz B. B. King nasceu no mesmo dia que Nick, no ano de 1925.

O QUE TOCA NO SEU IPOD: Clássicos de Stevie Wonder e Elvis Costello, e bandas como Switchfoot e Fall Out Boy.

ALTURA: 1,68 m.

ATORES FAVORITOS: Matt Long e Keri Lynn Pratt.

CORES FAVORITAS: Azul e verde.

ESPORTES FAVORITOS: Tênis e beisebol. Falando em beisebol, o time do coração de Nick é o New York Yankees.

MATÉRIA FAVORITA NO COLÉGIO: Geografia.

CANHOTO OU DESTRO: Destro.

VÍDEO CURIOSO NO YOUTUBE: No vídeo "A day in life of Jonas Brothers", gravado no início da carreira dos meninos, é possível ver Nick cantando com uma voz bem diferente. Confira no YouTube.

SIGNO: Virgem.

NÃO PODE FALTAR NO GUARDA-ROUPA: Gravatas finas e tênis All Star.

NÃO PODE FALTAR NA GELADEIRA: Red Bull e Coca-Cola light.

HABILIDADES MUSICAIS: Nick é multi-instrumentista! Ele consegue tocar bateria, guitarra, violão, piano e cantar tanto como *backing* quanto como cantor principal. É também o principal compositor da banda.

TELA GRANDE, TELA PEQUENA: O filme favorito de Nick é *Em busca da Terra do Nunca* (2004), dirigido por Marc Forster e estrelado por Kate Winslet e Johnny Depp. *Em busca da Terra do Nunca* conta a história de J. M. Barrie, o autor da peça *Peter Pan*. Na televisão, Nick não perde o seriado *Lost*.

ENTRE OS JONAS BROTHERS, NICK É O MAIS... Tímido.

COMO SERIA O ENCONTRO PERFEITO: Para Nick, o encontro perfeito precisa combinar a paixão pela garota com a paixão pelo beisebol! Ele levaria a sortuda para um jogo entre o New York Yankees e o Boston Red Sox.

GAROTA IDEAL: Nick confessa: "Eu realmente gosto de garotas que usam vestidos". Segundo ele, isso faz com que elas pareçam verdadeiras damas.

GAROTA PESADELO: Ele detesta meninas dramáticas e reclamonas, principalmente aquelas que ficam falando dos ex-namorados.

A

A Christmas Carol

Nick pisou nos palcos pela primeira vez em 1999, quando integrou o elenco de *A Christmas Carol*, musical baseado na obra homônima de Charles Dickens. *A Christmas Carol* conta a história do avarento Scrooge, homem rico que odeia o Natal. Nick interpretou dois papéis: Pequeno Tim, o filho do empregado do sr. Scrooge, e o próprio Scrooge quando jovem. Coreografado por Susan Stroman, o musical ficou em cartaz de 1994 a 2004 no Teatro WaMu, no Madison Square Garden, em Nova York.

"A little bit longer"

É o terceiro álbum dos Jonas Brothers, lançado no dia 12 de agosto de 2008 nos Estados Unidos. Produzido por John Fields, é composto por 12 faixas, totalizando 39min34s de duração. A capa mostra os três irmãos andando por uma avenida em uma noite chuvosa, iluminados por grandes cartazes de néon nos quais é possível ler os nomes das músicas do álbum, o *slogan* "Living the Dream" e até mesmo "Frankie's club" (Clube do Frankie).

LISTA DE MÚSICAS

1. *BB good*
2. *Burnin'up* (feat. Big Rob)
3. *Shelf*
4. *One man show*
5. *Lovebug*

6. *Tonight*
7. *Can't have you*
8. *Video girl*
9. *Pushin'me away*
10. *Sorry*
11. *Got me going crazy*
12. *A little bit longer*

***A little bit longer* (música)**

Got the news today
Doctor said I had to stay
A little bit longer
And I'll be fine
But you don't know what you got
'Till it's gone
And you don't know what it's like
To feel so low
And every time you smile or laugh you glow
You don't even know

Recebi a notícia hoje
O doutor disse que preciso ficar um pouco mais
E eu ficarei bem
Mas você não sabe o que acontecerá
Até acabar
E você não sabe como é se sentir tão para baixo
E toda vez que você sorri ou dá risada você "brilha"
Você nem ao menos sabe

(*A little bit longer* – Jonas Brothers)

Com a duração de 3min25s, é a 12ª e última faixa do álbum homônimo, lançado pela Hollywood Records. A música fala sobre um drama pessoal de Nick: o diagnóstico de diabetes tipo 1. A música foi escrita durante as filmagens de *Camp Rock*, em um dia em que o astro não estava se sentindo muito bem. "Eu entrei em um cômodo do hotel e foi tão estranho... de repente eu estava em um grande salão com um piano no meio. Parecia uma cena de filme. Então fui até o piano e compus a música".

Veja também: *Camp Rock*, Diabetes

Ação de Graças

Na família Jonas, o tradicional feriado norte-americano é comemorado na última quinta-feira de novembro com um aperitivo feito de camarão, molho de catchup, maionese e raiz-forte. "Nós sempre comemos coquetel de camarão antes do jantar de Ação de Graças. Servimos vários pratos diferentes porque temos uma grande família italiana".

A-HA

Os Jonas Brothers fizeram uma versão do *hit* dos anos 1980 *Take on me*, da banda A-Ha, no programa Dancing with the Stars, no dia 25 de março de 2008. Durante a apresentação dos Jonas Brothers, os organizadores precisaram pedir ao público que se acalmasse e fizesse menos barulho, tamanha a gritaria que se instalou quando os rapazes subiram ao palco.

All Star verde

Combina com tudo, pelo menos é o que diz Nick Jonas: "Tem gente que acha que não é verdade, mas eles realmente funcionam com qualquer roupa".

American Idol

Os Jonas Brothers tocaram o single *S.O.S.* na semifinal da sétima temporada do programa American Idol, exibida nos Estados Unidos no dia 14 de maio de 2008. O vencedor daquela edição foi o cantor David Cook.

Anel da pureza

Um anel prateado no dedo anular da mão esquerda. O "anel da pureza" – e a promessa que ele representa de se manter virgem até o casamento – é o objeto de maior polêmica nos Jonas Brothers. O anel tornou-se bastante popular entre os fãs e assunto preferido da mídia. Atualmente, os Jonas Brothers evitam conversar sobre o tema. Em entrevista à revista *Rolling Stone*, Nick comentou que "para nós, o anel é um lembrete de uma vida com valores. É sobre ser um cavalheiro, tratar as pessoas com respeito e ser a melhor pessoa possível". Em uma entrevista ao programa Fantástico, exibida em 31 de agosto de 2008, os Jonas Brothers disseram preferir se concentrar na música em vez de entrar nesse tipo de polêmica.

Animação

Para Joe nem mesmo "26 latas de bebida energética" provocam o mesmo efeito do que ouvir a galera gritando e cantando cada verso das músicas dos Jonas Brothers.

Aquecimento

Antes dos shows, os Jonas Brothers gostam de tirar quarenta minutos para concentração e relaxamento. Eles liberam a tensão com o jogo de videogame Guitar Hero, fazem aquecimento vocal, rezam e só então sobem ao palco.

Assédio dos fãs

Para Nick, é difícil se acostumar com o assédio constante. Apesar de adorar e respeitar muito a legião de fãs dos Jonas Brothers, Nick confessa achar o cúmulo quando eles invadem a casa dele. "Isso seria estranho para todo mundo, eu acho".

Veja também: Loucura de fã

B

Banana

Kevin não come nenhuma fruta. A desculpa para o hábito nada saudável é que ele seria "alérgico" a elas. Tudo papo-furado! O exagerado Kevin chega a dizer que vomitaria caso comesse uma banana – o astro não suporta o cheiro da fruta.

Barney

O simpático dinossauro Barney já enfeitou o armário de Joe quando o músico era mais novo. Ele tinha uma camiseta do dinossauro roxo que brilhava no escuro. No início da carreira, a futura parceira e amiga da banda, Demi Lovato, participou do elenco do seriado *Barney e seus amigos*. Outra amiga da banda também apareceu em *Barney e seus amigos*: Selena Gomez, a estrela de *Os feiticeiros de Waverly Place*.

Veja também: Demi Lovato, Selena Gomez, Time de Demi e Selena

Batman

Quando era criança, Nick gostava de encarnar o homem-morcego no quintal de sua casa em Wyckoff com uma fantasia de Batman.

Veja também: Wyckoff

Best of Both Worlds Tour

Primeira grande turnê dos Jonas Brothers, na qual eram responsáveis pelos shows de abertura para Miley Cyrus, a estrela de *Hannah Montana*. A turnê começou no dia 18 de outubro de 2007 e foi composta de 54 shows ao redor dos Estados Unidos. Ao final do 54º show, no dia 9 de janeiro de 2008, os Jonas Brothers já eram *rockstars*.

Veja também: Miley Cyrus

Big Rob

Big Rob é o guarda-costas e amigo dos integrantes do Jonas Brothers. Seu nome verdadeiro é Robert Feggans e ele já trabalhou com a cantora Britney Spears antes de se tornar membro da família Jonas Brothers. Big Rob também fez uma participação na música *Burnin'up*, como *rapper*.

Biografias

Para entrevistar Elvis Costello, Nick leu a biografia do cantor, *Complicated shadows: the life and music of Elvis Costello*. O comentário do entrevistado? "Oh, meu Deus!". Apesar do pouco tempo de existência, o Jonas Brothers já possui várias biografias publicadas. A única oficial é *Burning up: on tour with the Jonas Brothers*, escrita pelos meninos em parceria com Laura Morton. Já as biografias não oficiais são muitas:

- *Just Jonas – the Jonas Brothers up close and personal*, escrita por Michael-Anne Johns.
- *Jammin with the Jonas Brothers*, escrita por Lexi Ryals.
- *Jonas Brothers – hello beautiful: stars of Camp Rock*, escrita por Posy Edwards.
- *The Jonas Brothers*, escrita por Joanne Mattern.
- *Jonas Brothers forever – the unofficial story of Kevin, Joe e Nick*, escrita por Susan Janic.
- *Jonas Brothers*, escrita por Maggie Marron.

Veja também: Elvis Costello

Briga de irmão

Todo mundo que tem irmão sabe: é impossível evitar brigas, ainda que elas só aconteçam de vez em quando. Com os Jonas Brothers não é diferente. Apesar de o trio se dar superbem, pequenas discussões são inevitáveis. O fato de Nick deixar latas vazias de Coca-Cola light jogadas no carro de Kevin tira o irmão mais velho do sério. Por sua vez, Nick fica particularmente irritado com Joe quando o esquecido deixa algo para trás e precisa pedir para Nick ou alguma outra pessoa voltar para buscar.

Broadway

Joe e Nick participaram de diversos musicais da Broadway, em Nova York, no início da carreira. Os rapazes fizeram parte do elenco de *Os miseráveis*, *A Bela e a Fera*, *Annie get your gun* e *A Christmas Carol*. Nick foi o primeiro a estrear nos palcos. Seu irmão Joe disse em entrevista ao programa Paul O'Grady Show que não gostava da ideia de fazer musicais na Broadway, mas acabou mudando de opinião.

Veja também: *A Christmas Carol*, *La Bohème*, *Os miseráveis*

C

Caçarola de ovo

Quer ganhar Nick pelo estômago? Então aprenda a preparar seu prato favorito. A caçarola de ovo é uma espécie de "omelete assada" feita com ovos, pão de forma, linguiça e queijo cheddar. A clássica receita é a especialidade culinária da supermãe Denise Jonas.

Veja também: Denise Jonas

Cachorro

Quando ganhou um cachorro pelo seu aniversário de 16 anos, Nick Jonas não teve dúvidas: batizou o cãozinho da raça *golden retriever* de "Elvis", em homenagem a dois de seus músicos favoritos: Elvis Costello e Elvis Presley.

Veja também: Biografias, Chelsea, Elvis Costello

Camp Rock

Seu maior sonho é se tornar um astro da música? Então passe o verão no Camp Rock. O acampamento musical, onde os participantes aprendem sobre música, estilo e – é claro – se divertem, é o cenário para o filme estrelado por Demi Lovato, Joe, Nick e Kevin Jonas. Demi Lovato interpreta Mitchie Torres, uma garota talentosa, mas tímida, que vê seu sonho de ir para o Camp Rock se tornar realidade. Lá, ela encontra Shane Gray (Joe Jonas), o astro pop em crise, que está de volta ao acampamento para tentar encontrar suas raízes. O filme, uma produção da Disney para a televisão, estreou no dia 20 de junho de 2008 nos Estados Unidos e um mês depois, no Brasil.

DIRETOR – Matthew Diamond

O diretor do filme *Camp Rock*, Matthew Diamond, foi indicado para o Oscar em 1999 na categoria Melhor Documentário pelo filme *Dancemaker*. Ele também dirigiu episódios de vários seriados, como *Men in trees*, *My boys*, *Desperate housewives*, *Gilmore girls* e *Scrubs*.

ELENCO

Demi Lovato . . . . Mitchie Torres
Joe Jonas . . . . Shane Gray
Meaghan Jette Martin . . . . . Tess Tyler
Maria Canals-Barrera . . . . . . Connie Torres
Alyson Stoner . . . . Caitlyn Geller
Julie Brown . . . . Dee La Duke
Daniel Fathers . . . . Brown Cesario
Ana Maria Perez de Tagle . . . Ella
Jasmine Richards . . . . Peggy
Jordan Francis . . . . Barron
Roshon Fegan . . . . Sander
Kevin Jonas . . . . Jason
Nick Jonas . . . . Nate
Aaryn Doyle . . . . Lola
Giovanni Spina . . . . Andy
Jennifer Ricci . . . . TJ Tyler
Edward Jaunz . . . . Steve Torres
Bailey Stocker . . . . Sierra
Hayley Lochner . . . . Erin

CURIOSIDADES DE GRAVAÇÃO

- Na parede do quarto de Mitchie (Demi Lovato) é possível ver um pôster da banda interpretada pelos Jonas Brothers, a Connect 3.

- Uma das reclamações do elenco de *Camp Rock* eram os insetos. Segundo Nick, eles foram "praticamente atacados" pelos bichinhos.

- O que levar para um acampamento? Joe Jonas deu a dica durante as filmagens de *Camp Rock*: muita pasta de dente e desodorante. E o que não levar? Segundo Ana Maria Perez de Tagle (Ella), sapatos de salto devem ser deixados em casa.

- Para a performance da música *Hasta la vista*, o elenco treinou duro: foram três semanas de ensaios diários e seis *takes* seguidos no dia da filmagem.

- No DVD de *Camp Rock* é possível ver Demi Lovato cantando a música *One two three four goodbye* para o elenco e membros da equipe de filmagem. É só ir em "Bonus Features" e procurar uma guitarra escondida do lado direito da tela. Algumas cenas de Demi cantando essa música foram parar no extra "How to be a rockstar", também no DVD de *Camp Rock*.

- Os Jonas Brothers apresentaram um programa que mostrava as cenas de bastidores de *Camp Rock*. Procure no YouTube por "Camp Rock bloopers and behind the scenes".

ERROS DE GRAVAÇÃO

- Logo no início do filme, Mitchie finge tocar teclado, deslizando uma das mãos sobre todas as teclas. O problema é que, aparentemente, essa mão não é de Mitchie! Essa sequência começa por volta de 1min3s. Repare como a tal mão parece ser bem mais "velha" do que a da atriz Demi Lovato, com veias saltadas e unhas compridas.

- Na cena em que Mitchie e sua mãe assistem ao "Hot Tunes" com a história do Shane Gray, a sra. Torres abre o folheto do Camp Rock duas vezes. A primeira vez aos 2min3s e outra aos 2min24s.

- Na escola, quando Mitchie está limpando o seu armário, é possível ver uma marca branca no chão (3min5s), um recurso utilizado para marcar a posição certa dos atores em cena. No caso, a marca sinaliza onde Sierra (Bailey Stocker) deve pisar para falar com Mitchie.

- Na cena do reencontro de Shane Gray com o restante da Connect 3, Kevin Jonas não conseguia acertar suas falas. Ele deveria dizer "Não tem sido a mesma coisa abraçar só o Nate", mas acabou dizendo "Não tem sido a mesma coisa abraçar só o Nick".

PERFORMANCES

Who will I be – Demi Lovato

Logo nas primeiras cenas de *Camp Rock* já é possível perceber a importância da música na vida de Mitchie Torres (Demi Lovato) - afinal acordar ouvindo suas próprias músicas não é para qualquer um.

***This is me* - Demi Lovato**

É a música que faz Shane Gray se apaixonar pela "garota da voz". Ela canta sozinha, Joe ouve, mas não a vê. Na segunda cena, Mitchie se senta ao piano e canta a música de sua autoria. *This is me* é apresentada mais duas vezes ao longo do filme - Mitchie canta um verso para Tess Tyler e, no final, canta uma romântica versão da música combinada com *Gotta find you*, de Shane Gray.

***What it takes* - Aaryn Doyle**

Lola Scott (Aaryn Doyle) apresenta *What it takes* acompanhada na coreografia pelo restante do elenco. Aaryn Doyle nasceu no dia 1º de janeiro de 1993 em Ontário, no Canadá. Além de atriz, ela é cantora, compositora e modelo. No filme, Caitlyn (Alyson Stoner) comenta que a mãe de Lola trabalha na Broadway - igualzinho aos Jonas Brothers no começo da carreira.

***Start the party* – Jordan Francis**

A música toca durante a aula de hip-hop de Shane Gray (Joe Jonas). Joe não possui formação de dançarino, mas grande parte dos movimentos vistos na coreografia é dele – inclusive os truques com o microfone.

***Too cool* – Meaghan Jette Martin**

Para os Jonas Brothers, a apresentação favorita foi *Too cool*, estrelada pela patricinha Tess Tyler (Meaghan Jette Martin). A atriz e cantora Meaghan nasceu em 17 de fevereiro de 1992 em Las Vegas, Nevada.

***Gotta find you* – Joe Jonas**

Shane Gray (Joe Jonas) mostra a composição inspirada pela misteriosa "garota da voz" para Mitchie (Demi Lovato). No final de *Camp Rock*, o astro volta a cantar *Gotta find you* junto com *This is me*.

***Play my music* – Jonas Brothers**

A Connect 3 "se conecta" para tocar a nova composição da banda durante o Jam da Praia.

***Hasta la vista* – Jordan Francis, Roshon Fegan e Ana Maria Perez de Tagle**

Depois de se libertar da influência negativa de Tess Tyler, Ella junta-se a Barron e Sander para cantar o hip-hop *Hasta la vista*.

Nos extras do filme é possível ver os ensaios e a preparação para a performance.

Two stars – **Meaghan Jette Martin**
Esse tinha tudo para ser o ponto alto de Tess Tyler na "Jam Final". Só que a menina se atrapalhou com a falta de atenção de sua mãe, que atendeu o celular no meio da apresentação, e ela acabou tropeçando no final.

Here I am – **Jasmine Richards**
Cheia de inspiração, Peggy enfrenta Tess Tyler e se apresenta sozinha, com o seu verdadeiro nome, Margaret Dupree. A música acaba ganhando a "Jam Final" do Camp Rock.

We rock – **Elenco de *Camp Rock***
Todo o elenco de *Camp Rock* se reúne para cantar no encerramento da "Jam Final", liderados por Shane Grey (Joe Jonas) e Mitchie Torres (Demi Lovato).

WARNING:
crazy jonas brothers fan

Canela

Um bolo de canela, um rapaz bem-intencionado e Miley Cyrus – quem diria que essa combinação poderia dar errado? Joe Jonas e Miley Cyrus ficaram amigos durante as filmagens de *Hannah Montana* e, com toda a gentileza do mundo, Joe preparou um bolo de canela para Miley. Só que, quando a moça comeu o primeiro pedaço, seu rosto começou a ficar vermelho: Miley é alérgica a canela! Por sorte, ela tinha um *spray* antialérgico por perto e tudo acabou bem.

Veja também: Miley Cyrus

Canguru

Se você pudesse ser um animal, qual seria? Para Joe, a resposta é "canguru". O animal-símbolo da Austrália foi escolhido porque ele pula e se move agilmente e, além disso, se Joe fosse um canguru e alguém mexesse com ele, era só dar uns golpes de boxe para resolver.

Cartas

Joe Jonas é um rapaz à moda antiga. Para ele, garotas que escrevem cartas são extremamente interessantes. "Eu sempre acho bonitinho quando uma garota me escreve cartas".

Veja também: Garotas ideais

Chapinha

Kevin costumava perder um tempão na frente do espelho alisando seus cachos. Segundo Nick, o irmão precisava acordar duas horas mais cedo em nome da vaidade. Atualmente, Kevin Jonas abandonou a chapinha e assumiu um visual mais natural. No time da chapinha, só restou Joe Jonas.

Chelsea

É um bairro de Londres. Uma das músicas favoritas de Nick é exatamente *I don't want to go to Chelsea*, de Elvis Costello. Chelsea também é o primeiro nome de Chelsea Staub, atriz que faz parte do elenco de *J.O.N.A.S.* (seriado estrelado pelos Jonas Brothers, com lançamento previsto para 2009). No início de 2008, uma foto da loira Chelsea, de mãos dadas com Joe Jonas causou uma onda de especulação sobre um possível romance. Joe desmente e afirma que os dois são apenas "bons amigos". Chelsea conheceu Nick e Joe quando os irmãos se aventuravam nos palcos da Broadway. "É engraçado que a gente esteja trabalhando juntos anos depois". No Disney Channel Games, Chelsea Staub participou da equipe de Joe.

Veja também: Broadway, Disney Channel Games, Elvis Costello, *J.O.N.A.S.*

Chocolate

Quais são as marcas de chocolate favoritas dos Jonas Brothers? O irmão mais velho Kevin é apaixonado por um chocolate chamado "Butterfinger", da Nestlé. Joe não dispensa uma barra de chocolate Godiva, e Nick, fugindo dos chocolates, prefere uma espécie de balinha chamada "Sweetart".

Cicatriz

O apelido de Joe Jonas – Danger (Perigo) – foi bastante apropriado para a situação contada no episódio 15 do seriado *Living the Dream*. Joe se acidentou durante as gravações de um vídeo e precisou levar pontos na testa. Felizmente, não foi nada sério – ele até ficou orgulhoso de seu mais novo "ferimento de guerra".

Veja também: Vivendo o Sonho!
Confira no YouTube: Living the Dream ep 15

Computador

Esqueça o caderninho! Ao contrário de Mitchie Torres (Demi Lovato) em *Camp Rock*, Nick Jonas escreve quase todas as letras do Jonas Brothers direto no computador. Segundo ele, digitar é a maneira mais conveniente e rápida de colocar tudo "no papel". Além disso, fica bem mais fácil enviar as letras para o restante da banda.

Veja também: *Camp Rock*, Demi Lovato

Connect 3

É a banda fictícia formada por Nick, Kevin e Joe no filme *Camp Rock*. No início, os produtores queriam que apenas Joe participasse do filme - ele interpreta o astro da música Shane Gray -, mas Joe exigiu a inclusão dos dois irmãos. Assim, Nick virou Nate, e Kevin, Jason. Os Jonas Brothers acharam o nome "Connect 3" horrível, mas decidiram que seria mais um dado interessante a acrescentar na biografia de seus personagens: na ficção, o nome da banda de Shane, Nate e Jason foi imposto pela gravadora.

Veja também: *Camp Rock*

Cuecas

Uma das assistentes dos Jonas Brothers, Felicia Culotta, deixou escapar um detalhe sobre os meninos: eles deixam suas cuecas em todo lugar. De acordo com ela, "nunca em minha vida eu vi tantas cuecas deixadas no chão".

D

Dança

Antes de estrelar o musical *Camp Rock*, Joe Jonas nunca havia dançado coreografias complicadas. E olha que no filme ele até ensina passos de hip-hop para os participantes do Camp Rock.

Veja também: *Camp Rock*

Daniel Craig

Os Jonas Brothers dedicaram a música *Can't have you* a James Bond e Nicole Kidman. Achou estranho? Eles explicam: na verdade, a ideia para a música surgiu enquanto eles assistiam ao filme *Invasores*, estrelado por Daniel Craig (que interpretou James Bond pela primeira vez no filme *Casino Royale*) e Nicole Kidman. No filme os personagens não podem dormir por causa de uma contaminação extraterrestre que só ataca durante o sono. A situação combinou direitinho com o verso "Don't wanna fall asleep 'cause I don't know if I'll get up" (Eu não quero cair no sono / porque não sei se vou conseguir acordar).

Demi Lovato

- A atriz e cantora Demi Lovato estrelou o filme *Camp Rock* ao lado dos Jonas Brothers. Ela também fez os shows de abertura para a banda durante a turnê Burnin'up, em 2008.

- O nome real de Demi é Demetria Devonne Lovato. Ela nasceu no dia 20 de agosto de 1992, em Dallas, no Texas.

- Os pais dela são Patrick Lovato e Dianna Hart. A mãe de Demi foi líder de torcida de futebol americano – sua equipe, o Dallas Cowboys Cheerleaders, é uma das mais famosas e tradicionais dos Estados Unidos. Isso explica o nome da irmã mais velha de Demi, Dallas Lovato, que também canta e atua.

- Sua banda favorita é Paramore, liderada pela ruiva Hayley Williams. Mas seu maior ídolo é a primeira vencedora do American Idol, Kelly Clarkson.

- Demi também é fã de heavy metal. Suas bandas de metal favoritas são: Glendale, Arizona's Job for a Cowboy e Dimmu Borgir, da Noruega.

- Seis das onze músicas do seu álbum de estreia "Don't forget" foram escritas em parceria com os Jonas Brothers. "Don't forget" foi lançado nos Estados Unidos no dia 23 de setembro de 2008.

- Ela toca piano e violão.

- Seu filme favorito é *Donnie Darko* (2001), dirigido por Richard Kelly. Clássico *cult*, o filme conta a história do adolescente Donnie Darko (Jake Gyllenhaal), constantemente atormentado por visões bizarras de um coelho gigante.

Denise Jonas

A supermãe dos Jonas Brothers nasceu em 14 de julho de 1966. Ela conheceu o pai dos garotos, Paul Kevin Jonas Sr., no *campus* da instituição de ensino religiosa Christ for the Nations Bible College, em Dallas, no Texas. Já trabalhou como professora de língua de sinais e foi cantora, acompanhando o marido no mundo da música. Durante a adolescência, sua paixão foi Mark Hamill, o Luke Skywalker do filme *Guerra nas estrelas*. Ela é a "única pessoa do mundo" que chama Joe pelo seu nome completo. Quando Denise grita "Joseph Adam!", ele sabe que está realmente encrencado.

Veja também: Paul Kevin Jonas Sr., Zelo

Despertador

O lado ruim da fama? Para Nick, a resposta é acordar cedo. O rapaz parece realmente não gostar de despertadores: "Não é o fim do mundo, mas levantar antes das sete da manhã deveria ser uma coisa proibida". Joe também não é muito fã de acordar cedo. Ele é sempre o mais preguiçoso.

Diabetes

Nick sabe que é diabético desde 2005. Durante um mergulho na piscina, Joe percebeu que o irmão mais novo estava muito magro (ele chegou a perder 5 quilos em duas semanas). A família ficou preocupada e levou Nick para o hospital, onde foi diagnosticado que ele possuía diabetes tipo 1 (DM1).

Os diabéticos do tipo 1 não produzem insulina suficiente para que o organismo continue funcionando normalmente. A insulina é o hormônio responsável pelo metabolismo do açúcar. Verdadeiro combustível para as células do corpo, o açúcar depende da insulina para alcançá-las. Do contrário, o açúcar fica acumulado no sangue, causando várias complicações. Para resolver esse problema, os diabéticos do tipo 1 precisam ficar de olho na taxa de açúcar no sangue e tomar doses diárias de insulina. Para cuidar de sua saúde, Nick usa um aparelho chamado "bomba de insulina", da marca OmniPod. Ele é colocado nas costas de Nick e joga pequenas quantidades de insulina no corpo através de um tubo plástico flexível, que termina em uma minúscula agulha inserida na pele. O aparelho é do tamanho de um celular e possui conexão *wireless* com um outro dispositivo, que mostra o nível de açúcar no sangue. Parece complicado, mas Nick leva a situação numa boa e, como segue o tratamento direitinho, vive uma vida normal.

Veja também: "A little bit longer"

Disney Channel Games

Os Jonas Brothers participaram da competição da Disney em 2008. Os três acabaram caindo em times diferentes: Nick vestiu a camisa vermelha do "Infernais", Joe usou o verde do "Ciclones" e Kevin virou o capitão dos amarelos "Cometas". As amigas Chelsea Staub, Selena Gomez e Demi Lovato também participaram: Chelsea no time de Joe, Selena no de Kevin e Demi na equipe do "Lightning".

Veja também: Chelsea, Demi Lovato

DJ

Nick Jonas às vezes larga a guitarra e ataca de DJ em festas. Ele gosta de tocar clássicos de Michael Jackson e a trilha sonora do musical *Chicago*.

E

Ecologia

Em tempos de aquecimento global, os Jonas Brothers parecem estar fazendo a sua parte. Os irmãos dirigem um carro híbrido (Chevy Tahoe, da Chevrolet), um veículo menos poluente, movido a gasolina e a eletricidade; as capas dos CDs são feitas de material 100% reciclável e eles até plantaram árvores no dia 22 de abril de 2008, quando o Dia da Terra é comemorado no hemisfério norte. Segundo os meninos, o mais importante é que as pessoas tomem pequenas atitudes ecologicamente corretas no dia a dia.

"São as pequenas coisas que contam. Se cada pessoa desligasse as lâmpadas inúteis à noite, seria maravilhoso!", comentou Kevin. No Dia da Terra, Joe usou calças verdes para combinar com a ocasião.

Ellen DeGeneres

Kevin, Joe e Nick participaram do programa Ellen DeGeneres Show no dia 17 de janeiro de 2008. Além da entrevista e de tocarem a música *S.O.S.*, os três irmãos receberam uma homenagem pelo disco de platina recebido pelo álbum "Jonas Brothers", que ultrapassou a marca de 1 milhão de cópias vendidas nos Estados Unidos.

Veja também: Michelle Obama, Vidro quebrado

Elvis Costello

Uma das músicas que não saem do iPod de Nick é *I don't want to go to Chelsea*, de Elvis Costello. A música tem duração de 3min7s e está no álbum "This year's model", lançado em 1978. Em outubro de 2008, a revista *Rolling Stone* promoveu um encontro entre Nick e o seu ídolo! O cantor veterano descreveu Nick como "atencioso e curioso" e "uma pessoa interessante para passar o tempo".

Veja também: Biografias, Chelsea

Escola em casa

Kevin já é formado, mas Nick e Joe estudam "em casa", quer dizer, no ônibus da turnê. Como os Jonas Brothers viajam o tempo todo, é impossível frequentar uma escola normal. Assim, a mãe Denise e os professores particulares se encarregam da educação dos rapazes.

"Eu e o sr. Jonas e o sr. Jonas e o sr. Jonas"

Miley Cyrus em uma crise de ciúmes envolvendo os Jonas Brothers? A situação (fictícia) foi retratada durante a primeira aparição dos irmãos no seriado *Hannah Montana*. A participação especial dos Jonas Brothers aconteceu no episódio "Eu e o sr. Jonas e o sr. Jonas e o sr. Jonas", que foi ao ar pela primeira vez nos Estados Unidos, no dia 17 de agosto de 2007. Na história, Miley Cyrus descobre que seu pai, Billy Ray Cyrus, está compondo uma música para os Jonas Brothers. É o suficiente para causar ciúmes na menina, que chega a se disfarçar para provocar intrigas entre seu pai e os irmãos. No final, tudo acaba em música! Billy Ray, Miley Cyrus e os Jonas Brothers gravam o dueto *They got the party with us*, que se transformou em sucesso.

Veja também: Best of Both Worlds Tour, Ex-namorada, Miley Cyrus, *We got the party with us*

Europa

Os Jonas Brothers já viajaram praticamente o mundo todo. Mas quais serão suas cidades favoritas no Velho Continente? Joe escolheu a capital da França, a romântica Paris. Nick elegeu como favorita a cidade espanhola de Barcelona.

Ex-namorada

- O relacionamento de Nick Jonas e Miley Cyrus sempre foi cercado de fofocas. Até mesmo a existência real do namoro de dois anos só foi confirmada recentemente pela atriz de *Hannah Montana* em uma entrevista para a edição de setembro de 2008 da revista *Seventeen*. Dizem as más-línguas que a música *7 things* (Sete coisas), presente no CD de estreia de Miley, "Breakout", foi inspirada em Nick.

• As sete coisas, de acordo com a letra são:

Você é vaidoso
Suas brincadeiras
Você é inseguro
Você me ama e gosta dela
Você me faz rir e chorar
Seus amigos são idiotas
E a sétima coisa, aquela que eu odeio mais sobre você, é
Você me fez te amar

• A opinião de Nick? "Sinceramente, eu não sou inseguro e meus amigos são legais, então não pode ser sobre mim!".

Veja também: Miley Cyrus, Selena Gomez, Time de Demi e Selena
Confira no YouTube: 7 things Miley Cyrus

Extravagância

Os Jonas Brothers deram um relógio incrustado com diamantes da marca Chopard para a mãe Denise. Apesar de dizer que é o menos consumista dos irmãos, Nick comprou um par de sapatos no valor de 1.550 dólares.

Veja também: Denise Jonas

F

Fast-food

Dois cheesebúrgueres, batata frita e Coca-Cola light. Quando o assunto é *fast-food*, Nick não gosta de inovar: faz sempre o mesmo pedido na rede McDonalds. Já Joe prefere o hambúrguer da In-N-Out, e Kevin é fã do sanduíche com frango grelhado feito na rede Wendy's.

Faxina

Nem os Jonas Brothers conseguem escapar! Quando chega a hora de arrumar a casa, os astros do rock largam as guitarras e pegam as vassouras. Entre as suas tarefas domésticas estão: tirar o lixo, limpar o quintal, arrumar o quarto e lavar louça.

Férias dos sonhos

Para Nick Jonas, as férias dos sonhos precisam incluir praia, sombra e água fresca. E nada de pensar em trabalho!

Filho do meio

Em termos de família, Joe parece ter conseguido o "melhor dos dois mundos". Para ele, a posição de filho do meio sempre foi bastante vantajosa. "Quando Kevin começou a se interessar por garotas, eu andava com ele e aproveitava também". Ao mesmo tempo, "quando Nick queria brincar de alguma coisa ou tomar um sorvete, eu brincava ou tomava sorvete com ele".

Fobias

A situação mais assustadora que Nick já viveu foi uma turbulência durante uma viagem de avião. Já Joe assume que tem um pouco de medo de montanhas-russas, e Kevin afirma que seria muito assustador se ninguém aparecesse para o show e a plateia dos Jonas Brothers ficasse vazia.

Forever and always

Quando participou do programa Ellen DeGeneres Show, a cantora Taylor Swift revelou que a música *Forever and always* (Para sempre e sempre) é sobre o fim de seu relacionamento com Joe Jonas.

I hold onto the night, you looked me in the eye and told me you loved me

Were you just kidding?
'Cause it seems to me, this thing is breaking down
We almost never speak
I don't feel welcome anymore
Baby what happened, please tell me?

And I stare at the phone, he still hasn't called
And then you feel so low you cant feel nothing at all
And you flashback to when he said forever and always
Oh, and it rains in your bedroom
Everything is wrong
It rains when you're here and it rains when you're gone
'Cause I was there when you said forever and always

Eu me apego àquela noite em que você olhou nos meus olhos e disse que me amava
Era tudo brincadeira?
Porque parece que o que tivemos está entrando em colapso

A gente quase nunca se fala
Eu não me sinto mais bem-vinda
Baby, o que aconteceu? Por favor, me diga

E eu olho para o telefone, ele ainda não me ligou
E então você se sente tão pra baixo que não consegue sentir nada
E você volta para a época que ele dizia "para sempre e sempre"
E chove no seu quarto
Tudo está errado
Chove quando você está aqui e chove quando você vai embora
Porque eu estava lá quando você disse "para sempre e sempre"

Veja também: Taylor Swift

Frankie J. Show

O irmão caçula dos Jonas Brothers resolveu parodiar o vídeo *Nick J. Show* e seu principal apresentador, Nick Jonas. No vídeo, o Jonas Bônus também é atacado com um taco por um maníaco estranho, interpretado por Joe Jonas.

Veja também: Jonas Bônus, *Nick J. Show*
Confira no YouTube: Frankie J. Show

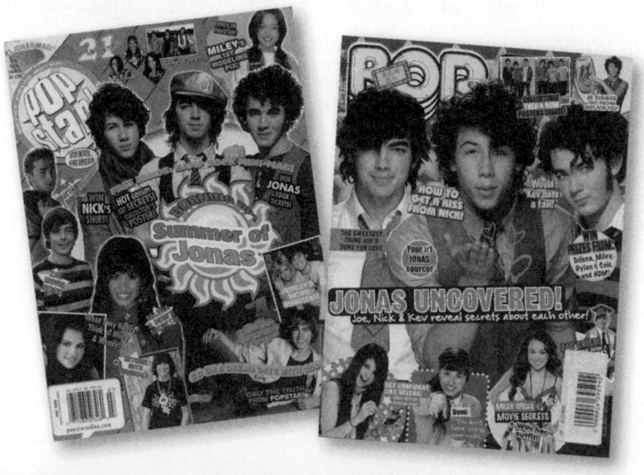

G

Garotas ideais

O que os Jonas Brothers conversam sobre as garotas? Para Nick, a amizade entre homem e mulher é perfeitamente possível. "Definitivamente, eu acho que é possível um garoto e uma garota serem apenas amigos". Segundo ele, é só deixar o flerte de lado que tudo dá certo. Já Kevin acredita em relacionamentos a distância – com um pouco de boa vontade e ligações ("Ei, sinto sua falta"), é possível mostrar para a cara-metade que "você não está interessado em outras pessoas e que está o tempo todo pensando nela".

Veja também: Cartas

Geraldo

Para despistar curiosos e manter o anonimato, Nick sempre usa o nome falso "sr. Geraldo" quando vai se hospedar em hotéis. O truque funciona tão bem que às vezes ele mesmo se esquece da sua "identidade secreta" e fica confuso quando ligam da recepção procurando por um "sr. Geraldo".

Veja também: Assédio dos fãs, Loucura de fã

Golfe

O esporte é o favorito dos Jonas Brothers. Mas ninguém leva as partidas tão a sério quanto o supercompetitivo Nick Jonas. Os irmãos em geral marcam as partidas pela manhã e, como estão sempre viajando, o cenário para o jogo de golfe muda constantemente.

Gravata

Em 2008, um dos objetivos de Nick foi usar gravata diariamente. Segundo ele, a sensação foi igual a "ir para o trabalho todos os dias". A primeira vez que todos os Jonas Brothers usaram uma gravata no palco foi durante a primeira apresentação no programa The Oprah Winfrey Show. Nick usou uma gravata estampada com fundo amarelo; Joe apostou em um modelo cinza com listras mais escuras e Kevin, no azul-escuro.

Greg Garbowsky

O baixista da banda, Greg Garbowsky, está com os Jonas Brothers desde o início da carreira deles. Greg nasceu no dia 10 de setembro de 1986, na cidade de South Plainfield, em New Jersey. No Natal de 1999, ele ganhou um baixo de presente. Autodidata, deu os primeiros passos na música trancado dentro do quarto, inspirado pelas bandas Red Hot Chili Peppers e MxPx. Em maio de 2005, foi recomendado pelo pastor da Igreja onde tocava a Kevin Sr., que procurava um baixista para o recém-formado Jonas Brothers. A partir daí, Greg tornou-se músico de apoio, amigo e compositor dos Jonas Brothers. Participou de duas composições da banda: *Tonight* ("A litte bit longer") e *Games* ("Jonas Brothers"). Apesar das turnês milionárias que ele faz com Nick, Joe e Kevin, o sonho de Kevin é se tornar um bom produtor musical. Igual a Caitlyn Gellar (Alyson Stoner), de *Camp Rock*!

Veja também: "A little bit longer", *Camp Rock*

Grife

Guitarras e máquinas de costura? Os Jonas Brothers resolveram apostar nessa combinação e anunciaram em julho de 2008 o lançamento de uma grife de roupas. "Não estou dizendo que somos os melhores estilistas do mundo, mas ficar livre para criar exatamente o tipo de roupa que a gente quer é o máximo", comentou Kevin.

Guitarras

A primeira guitarra a gente nunca esquece! A de Kevin Jonas foi uma Gibson Les Paul Gold Top 1969. A partir daí, ele se tornou um grande fã da marca Gibson Les Paul. A guitarra preferida de Kevin é uma Gibson Les Paul Supreme, branca com detalhes em ouro. Nick também é fã das Gibson – sua guitarra favorita é uma Gibson Les Paul SG vermelha.

H

Haliburton

É o nome do lugar onde aconteceram as filmagens de *Camp Rock*. Haliburton fica em Ontário, no Canadá, próximo a região dos Grandes Lagos. O local realmente tinha um clima de acampamento: o celular não tinha sinal e não havia acesso à internet.

Veja também: *Camp Rock*

Hansons

Isaac, Taylor e Zac Hanson dominaram as paradas de sucesso e as paredes dos quartos das pré-adolescentes no final dos anos 1990. Agora essa posição pertence aos Jonas Brothers – e o que não faltam são comparações entre as duas bandas! Entre as semelhanças estão o fato de ambas serem formadas por trios de irmãos que tocam seus instrumentos, serem do interior dos Estados Unidos (os Hansons são de Tulsa, no estado de Oklahoma) e atingirem o mesmo público. A propósito, a pessoa que ajudou a produzir o primeiro CD dos Jonas Brothers é a mesma que produziu o dos Hansons. Sobre o assunto, Nick comentou, em entrevista ao jornal norte-americano *The New York Times*: "Nosso som é diferente do deles. E nós temos todos cabelos castanhos!".

Hino nacional

No dia 24 de março de 2008, os Jonas Brothers cantaram o hino nacional dos Estados Unidos no evento conhecido como Easter Egg

Roll. Na ocasião, tradicionalmente a primeira-dama e o presidente organizam jogos, recebem crianças e personalidades na Casa Branca. Em 2008, os Jonas Brothers foram uma das principais atrações musicais. Segundo Joe, o então presidente George W. Bush elogiou o tênis que ele usava na ocasião: um par da marca italiana Superga, de uma linha chamada Torino, em tom rosa-escuro.

Confira no YouTube: Jonas Brothers Sing The National Anthem at the White House

Hipopótamo

Acredite ou não, os Jonas Brothers ganharam um hipopótamo de verdade de presente. Um fã adotou o animal – que vive em uma reserva na África – e mandou para os meninos o certificado de adoção. O nome do hipopótamo? Jonas Brothers.

Veja também: Loucura de fã

Hora de dormir

Numa entrevista à revista *Capricho*, em dezembro de 2008, os irmãos contaram o que usam na hora de dormir. Kevin usa um pijama. Joe e Nick vestem camiseta e a calça do pijama.

I

I am amazed

É uma música escrita pelo pai dos Jonas Brothers, o então pastor Paul Kevin Jonas Sr. Um vídeo gravado em 1996 no Christ for the Nations Institute mostra Kevin aos oito anos, cantando a canção gospel. Também é possível ver Joe no coro infantil – ele está na primeira fileira, à direita.

Veja também: Paul Kevin Jonas Sr.
Confira no YouTube: I'm amazed

Índio e caubói

Bangue-bangue! Quando eram crianças, Joe e Kevin se divertiam brincando de índio e caubói. Fã dos heróis do faroeste, Kevin nunca trocava de papel com Joe. "Eu adorava tudo aquilo, de vestir a fantasia e perseguir Joe por aí".

iPhone

O supercelular da Apple é item indispensável para Joe. "Eu estou sempre usando e ele está sempre à mão".

Irmã mais nova

É assim que os Jonas Brothers consideram a atriz Demi Lovato. Durante as primeiras apresentações da amiga – que abriu alguns shows da turnê Burnin'up –, os meninos ficaram mais preocupados com a performance dela do que com o próprio show. De acordo com Demi, Kevin era responsável por levar água para ela no palco, e Joe, sempre atento a fios e degraus, impedia que ela tropeçasse à toa.

Veja também: Demi Lovato

Itens essenciais

Nick enumera: "Minha Bíblia, minha guitarra e um caderno para escrever meus pensamentos".

"It's about time"

Definido por Kevin Jonas como "música com Red Bull", foi o primeiro álbum do Jonas Brothers, lançado em 8 de agosto de 2006 nos Estados Unidos. Ele tem 11 faixas, incluindo *Mandy* e *Year 3000*, totalizando 35min56s de duração. O álbum foi produzido por Michael Mangini e Steve Greenberg, e lançado pela gravadora Columbia Records. Na época de seu lançamento, ele vendeu apenas 62 mil cópias. Como os Jonas Brothers mudaram de gravadora logo depois do lançamento do álbum, ele acabou saindo de linha e virando artigo de colecionador. Hoje, um original de 2006 pode ser encontrado por 185 dólares no site de leilões Ebay. A capa do CD mostra os três irmãos em preto e branco encostados em um fundo listrado vermelho e preto. O nome da banda aparece no alto, com o título "It's about time" logo abaixo.

LISTA DE MÚSICAS

1. *What I go to school for*
2. *Time for me to fly*
3. *Year 3000*
4. *One day at a time*

5. *6 minutes*
6. *Mandy*
7. *Just don't know it*
8. *I am what I am*
9. *Underdog*
10. *7:05*
11. *Please be mine*

Veja também: Mandy, Relíquia

J

Jam Final

É o principal evento do filme *Camp Rock*, no qual os participantes do acampamento competem pelo troféu - e pela oportunidade de gravar uma música com a superbanda Connect 3, interpretada pelos Jonas Brothers.

Johnny Cash

O cantor country Johnny Cash é uma grande inspiração para os Jonas Brothers, especialmente para Nick. Ele chega a dizer que sonha em gravar um álbum em tributo ao músico, falecido em 2003. "O álbum poderia chamar 'Jonas Brothers pay tribute to the man in black'" (Jonas Brothers prestam homenagem ao homem de preto).

J.O.N.A.S.

Imagine se você descobrisse que os Jonas Brothers são, na verdade, espiões disfarçados de banda? Essa foi a primeira ideia desenvolvida para o roteiro do seriado *J.O.N.A.S.*, que seria estrelado pelos três irmãos. Kevin conta que a série - cujo nome é uma sigla para "Junior Operatives Networking as Spies" - exigiu dos irmãos treinamento especial em artes marciais para as gravações do piloto, cheio de ação. Em entrevista à revista *ELLE*, no entanto, Joe Jonas comentou que a ideia central do seriado mudou. "A história será sobre a nossa banda, mas falando da nossa rotina, como colocar o lixo na rua e não ser atacado pelas fãs". A estreia de *J.O.N.A.S.* está prevista para o primeiro semestre de 2009, nos Estados Unidos.

Jonas Bônus

É o apelido do Jonas caçula, Frankie Nataniel Jonas, nascido no dia 28 de setembro de 2000. No entanto, ele já fazia parte da trajetória artística dos irmãos antes mesmo de nascer: a mãe Denise costumava levar Nick e Joe para audições quando estava grávida de Frankie. Também conhecido como "Frank the Tank" (Frank, o tanque), divide seu quarto com Nick, em Wyckoff. De acordo com seus irmãos, é praticamente uma "estrela do rock em treinamento".

Veja também: *Frankie J. Show*, Wyckoff

"Jonas Brothers"

O segundo álbum da banda chegou às prateleiras no dia 7 de agosto de 2007. Composto por 14 faixas (a versão em CD-rom contém uma 15ª faixa-bônus), inclui os singles *Hold on, S.O.S.* e *When you look me in the eyes*. A capa do CD mostra os três irmãos em preto e branco, usando camisas de botão e ternos. No canto inferior direito, o logotipo da banda é estampado em dourado, a mesma cor da letra que denomina tanto o nome da banda quanto o do álbum "Jonas Brothers". Foram criadas mais duas capas "alternativas" para o CD, uma para o lançamento de uma edição especial ("Jonas Brothers: the bonus Jonas edition") e outra lançada na América do Sul, Austrália, Nova Zelândia, Malásia, Japão e Filipinas.

LISTA DE MÚSICAS

1. *S.O.S.*
2. *Hold on*
3. *Goodnight and goodbye*
4. *That's just the way we roll*
5. *Hello beautiful*
6. *Still in love with you*
7. *Australia*
8. *Games*
9. *When you look me in the eyes*
10. *Inseparable*
11. *Just friends*
12. *Hollywood*
13. *Year 3000*
14. *Kids of the future*

Juno

A trilha sonora do filme *Juno* (2007) serviu de inspiração para a música *Lovebug*, do álbum "A little bit longer". Com a trilha sonora recheada de composições folks – gênero musical em que dominam os violões – de bandas como Moldy Peaches e The Kinks, o filme era um dos favoritos de Nick na época. Assim, os Jonas Brothers decidiram incorporar alguns elementos da trilha sonora de *Juno* em *Lovebug*.

Veja também: "A little bit longer", *Lovebug*

K

Ketchup

Os Jonas Brothers amam hambúrgueres com ketchup. No entanto, a amiga Miley Cyrus vai um pouco mais longe em seu amor pelo tempero. No programa Tonight Show with Jay Leno, que foi ao ar nos Estados Unidos no dia 28 de fevereiro de 2008, Miley declarou que gostava de beber ketchup direto do frasco, dispensando os sanduíches. Desafiada por Jay Leno, Miley agarrou o frasco de ketchup, derramou o condimento e, para mostrar que não estava de brincadeira, mostrou sua boca cheia de ketchup para a plateia.

Veja também: Ex-namorada, Miley Cyrus
Confira no YouTube: Jonas Brothers MTV Live & Mobile: Burgers [HQ]

L

La Bohème

Em 2002, Joe Jonas participou da peça da Broadway dirigida por Baz Luhrmann (*Moulin Rouge*). O que o Jonas Brother achou da experiência? Ele adorou participar de uma produção da Broadway e conta que a rotina o ajudou a se preparar melhor para fazer parte do mundo da música. "Acho que aquilo realmente me preparou para fazer o que eu faço hoje, sabe? Disciplina e tudo o mais".

Veja também: Broadway

Leão-marinho

Numa visita a Bahamas, Joe resolve posar ao lado de um leão-marinho. O adestrador pede que o animal sorria. Ele mostra os dentões, mas depois dá o maior susto em Joe, que sai correndo. Numa visita a um parque de golfinhos, Joe teve mais sorte: ganhou um "beijo molhado" de Cassie, um leão-marinho de 15 anos. Quantas garotas gostariam de estar no lugar dela...

Confira no YouTube: Joe Jonas getting scared by a sea lion

Los Angeles

A ensolarada cidade da Califórnia é o quartel-general dos Jonas Brothers desde que eles começaram a ficar famosos. Eles ainda mantêm uma casa em Dallas, Texas, e uma em Wyckoff, New Jersey. Para Kevin, a maior vantagem de morar em Los Angeles é o clima: faz sol o ano todo! Em Los Angeles mora ainda John Taylor, o guitarrista de apoio e produtor dos Jonas Brothers.

Veja também: Wyckoff

Loucura de fã

Uma vez, os garotos saíram de férias e estavam em um restaurante com toda a família. Para tentar chegar perto da mesa dos Jonas Brothers, uma mãe-fã tentou se passar pela mãe dos Jonas Brothers dizendo para o gerente do restaurante que ela era Denise Jonas. Detalhe: a verdadeira Denise estava sentada à mesa com seus filhos, que classificam o incidente como uma das maiores loucuras de fã já vistas.

Veja também: Assédio dos fãs, Denise Jonas

Lovebug

O videoclipe da música *Lovebug* estreou no dia 19 de outubro de 2008, às 20h55 (horário dos Estados Unidos). Dirigido por Philop Andelman, o videoclipe conta a história de amor de um casal separado pela Segunda Guerra Mundial (1938-45). O papel da moça que espera seu amado soldado voltar é da atriz Camilla Belle, do filme *10.000 anos antes de Cristo*, suposta namorada de Joe Jonas. Os Jonas Brothers interpretam vários papéis ao longo do videoclipe, incluindo a banda que toca em uma espécie de baile. O período que compreende a Segunda Guerra Mundial pode ser visto no final do clipe, quando as crianças fecham o álbum de fotos marcado com a data "1938-1945".

Veja também: "A little bit longer", *Juno*, Taylor Swift

M

Mandy

É o título da faixa número 6 do CD "It's about time". A verdadeira Mandy e Joe saíram algumas vezes quando o Jonas Brother era mais novo. Os dois são amigos até hoje, e Mandy até participou do videoclipe da música, que estreou no dia 1º de março de 2006.

Veja também: "It's about time"
Confira no YouTube: Mandy

Mania

Kevin confessou que não consegue dormir em uma cama se ela não estiver arrumada. Para ter uma boa noite de sono, a cama do Jonas Brother precisa estar com o lençol trocado, limpo e esticado.

Maya Kibble

Ela praticamente faz parte da família Jonas. Maya é filha da assistente pessoal da banda, Kiyoko (carinhosamente apelidada de Couch K, ou Treinadora K), e de um dos melhores amigos da família. Quando o pai de Maya morreu, o pai dos Jonas Brothers encarregou-se de tomar conta da menina. Maya cresceu junto com os Jonas Brothers e é particularmente próxima de Nick, uma vez que os dois têm a mesma idade. A história de Maya foi contada no episódio 9 do *reality show* Jonas Brothers: Living the Dream.

Veja também: Vivendo o Sonho!

Confira no YouTube: Jonas Brothers Living the Dream episode 9

Meias

Joe não é muito fã de meias. A maior parte de sua coleção de sapatos é composta de mocassins e tênis esportivos, que dispensam o acessório.

México

Ao desembarcarem na Cidade do México, os Jonas Brothers foram recebidos por centenas de fãs no Aeroporto Internacional de Toluca e um público de oitenta mil no show da banda. No entanto, não foi a primeira vez que Joe e Kevin vieram para a América Latina: quando eram menores, os dois mais velhos participaram de uma missão humanitária para construir igrejas no local.

Veja também: Vivendo o Sonho!

Michelle Obama

Em uma das aparições dos meninos no programa Ellen DeGeneres Show, a primeira-dama dos Estados Unidos, Michelle Obama, fingiu ser uma fã dos Jonas Brothers. Suas duas filhas com

Barack Obama são fãs reais e confessas de Nick, Kevin e Joe. Fato engraçado: os meninos disseram que iriam dançar na sua entrada do programa, mas ficaram sem graça quando ouviram a própria música. Para resolver a situação, Ellen tocou *Don't stop the music*, de Rihanna, e os Jonas Brothers fizeram uma pequena coreografia. Joe Jonas chegou a inventar um novo passo: "a marionete".

Veja também: Ellen DeGeneres

Michelle Tomaszewski

É a estilista dos Jonas Brothers – é ela quem planeja, escolhe e orienta as roupas que os rapazes usam nos videoclipes, shows e aparições na TV.

Mick Jagger

Em quem Joe Jonas se inspira para suas performances no palco? Ele sempre tem em mente a energia do vocalista dos Rolling Stones, Mick Jagger, e a atitude de Fred Mercury como *frontman*.

Miley Cyrus

- A cantora e atriz Miley Cyrus é a protagonista do seriado *Hannah Montana* desde 2006 e ex-namorada de Nick Jonas.

- Seu nome verdadeiro é Destiny Hope Cyrus. Em janeiro de 2008, mudou-o oficialmente para Miley Ray Cyrus. Ela nasceu no dia 23 de novembro de 1992, na cidade de Nashville, no Tennessee.

- Miley Cyrus foi eleita uma das "pessoas mais influentes do ano" na categoria Artistas pela *Time* em 2008. A revista publica a lista das cem pessoas mais influentes do ano desde 2003.

- Um de seus seriados favoritos é *Sex and the city*, estrelado pelo quarteto de trintonas liderado por Sarah Jessica Parker.

- Miley namorou Nick Jonas durante dois anos. O romance sempre foi mantido em segredo. Somente em setembro de 2008 a menina confessou a real existência do relacionamento.

- Em entrevista à revista *Vanity Fair*, Miley afirmou que *Sex and the city* e *Hannah Montana* têm muito em comum.

- Ela se tornou a mais jovem cantora a ter dois álbuns em primeiro lugar com apenas 12 meses de diferença um do outro.

- Miley anunciou que pretende lançar uma autobiografia. Na época, a cantora só tinha 15 anos.

Veja também: Best of Both Worlds Tour, Ex-namorada, Time de Demi e Selena

Miss simpatia

Você sabia que os Jonas Brothers já participaram de um concurso de miss? No dia 24 de agosto de 2007, os meninos subiram ao palco do concurso de Miss Teen USA. Durante o evento, os Jonas Brothers tocaram os sucessos *Hold on* e *S.O.S.*, enquanto as competidoras desfilavam com seus vestidos de gala.

Moedas

Joe conta que ele e seus irmãos tinham a mania de engolir moedas quando eram pequenos. Ele chegou a comer o equivalente a 1,25 dólar de uma única vez.

Motocicleta

Em seu aniversário de 19 anos, Joe Jonas ganhou de Nick e Kevin uma motocicleta com *sidecar*, um acoplamento lateral que permite carregar mais um passageiro de "carona".

Muffin Man

Além de cantar rock, às vezes Joe Jonas improvisa no rap. Em um vídeo do YouTube, os Jonas Brothers estavam respondendo perguntas e conversando *on-line* com fãs quando alguém perguntou: "Vocês conhecem o Muffin Man?". Joe aproveitou a deixa e inventou algumas rimas sobre o caso: "I know the Muffin Man/ I know the Muffin Man/ I'm the only one who knows him/ He lives on my street" (Eu conheço o Muffin Man/ Eu conheço o Muffin Man/ Eu sou o único que o conhece/ Ele mora no meu pedaço/ E daí?).

Confira no YouTube: Muffin Man Rap (Joe Jonas Style)

Música country

O country é uma das maiores influências musicais para os Jonas Brothers. Quem contou isso foi Kevin, confessando que sempre procura incorporar o aspecto narrativo do country nas letras dos Jonas Brothers. Quem compartilha essas mesmas influências dos Jonas são as cantoras Miley Cyrus e Taylor Swift.

Veja também: Miley Cyrus, Taylor Swift

N

Natal

Kevin confessa: "Nós somos grandes fãs do Natal". A família Jonas gosta de se reunir para enfeitar a árvore de Natal e para ajudar a mãe, Denise Jonas, no preparo de deliciosos *cookies*.

Nate

Nick Jonas fala que seu personagem em *Camp Rock* é o líder da banda, "um cara que tem a cabeça no lugar e sabe exatamente para onde ir". O dueto final de Joe Jonas e Demi Lovato, *This is me*, é uma das músicas favoritas de Nick no filme.

Veja também: *Camp Rock*, Demi Lovato

"Nicholas Jonas"

É o título do álbum homônimo de Nick, lançado em 2004 pela gravadora Columbia. Quase todas as 11 músicas falam sobre assuntos espirituais/religiosos. A música *Joy to the world (A Christmas prayer)*, que Nick compôs com seu pai, é a faixa número 9 do álbum.

Nick J. Show

É um vídeo estrelado por Nick e Joe parodiando os programas de *talk show* em que convidados falam sobre problemas emocionais. No vídeo bem-humorado, Nick é o apresentador e Joe representa o neurótico que afirma "não sentir raiva", ao mesmo tempo que golpeia o irmão com uma espécie de taco.

Veja também: *Frankie J. Show*
Confira no YouTube: Nick J. Show

Nômades

Você já parou para pensar por que cada membro do Jonas Brothers nasceu em um lugar diferente? É que a família Jonas era obrigada a se mudar constantemente, devido ao trabalho do pai dos meninos como pastor.

Veja também: Paul Kevin Jonas Sr.

O

O outro Joe Jonas

Quem mais sofre com o sucesso dos três irmãos é Joe Jonas, um músico de blues que tem 71 anos e vive em Dallas. Ele teve que acabar com sua página no site MySpace por causa da quantidade de recadinhos deixados por fãs de Joe, Kevin e Nick. Sua secretária eletrônica também foi invadida, mas ele se recusa a trocar de número. "Já tenho esse telefone há trinta anos", argumenta.

Obrigado

Os Jonas Brothers fizeram alguns agradecimentos estranhos no álbum "A little bit longer". Além dos já esperados "pai", "mãe" e "gravadora", os rapazes agradeceram aos comediantes Bob Hope e Will Farrell, aos atores Chuck Norris e Marilyn Monroe, ao cantor Frank Sinatra e ao "verdadeiro James Bond, Daniel Craig". Ah, as amigas Selena Gomez e Chelsea Staub também receberam um "obrigado" da banda.

Veja também: "A little bit longer", Chelsea, Daniel Craig

Óculos escuros

Sempre preocupado com seu estilo, Joe Jonas é apaixonado pela marca de óculos escuros Ray-Ban, chegando a comprar um modelo de óculos diferente por semana.

Olho de peixe

O corajoso Jonas mais velho jura ser capaz de experimentar qualquer tipo de comida – no cardápio de Kevin já entrou até olho de peixe.

Onze de setembro

So I pray
Joy to the world
Peace for every boy and girl
Hope when life is hard
Light when everything seems dark

I pray that every hungry soul
Will be filled and will be warm
That not a single, solitary child
Would suffer harm

Em 2004, Nick Jonas ainda era um cantor de músicas espirituais quando foi convidado para cantar o hino *Joy to the world* (*A Christmas prayer*), em homenagem às vítimas dos atentados de 11 de setembro de 2001.

Confira no YouTube: Nicholas Jonas Original Joy to the world a Christmas prayer

Ortografia

Ortografia não é o forte de Kevin. E ele não tem vergonha de admitir isso: "Eu tinha uma namorada que mandava de volta os meus bilhetes". Pior: ela circulava todos os erros que ele cometia.

Os miseráveis

O maior papel que Nick Jonas conseguiu durante seus tempos de Broadway foi o de Gavroche, no premiado musical *Os miseráveis*, ambientado em Paris, na época da Revolução Francesa. Ao contrário das pontas que fez em *A Christmas Carol* e *A Bela e a Fera*, Nick recebeu várias falas e até mesmo cantou um solo como Gavroche.

Veja também: Broadway

P

Pandeiro

O instrumento em forma de meia-lua é constantemente usado por Joe nas apresentações dos Jonas Brothers. O músico diz que a inspiração para utilizar o pandeiro veio da banda Oasis, cujo vocalista, Liam Gallagher, pode ser constantemente visto tocando o instrumento.

Paquera

O segredo para conquistar alguém, segundo Nick Jonas, é conhecer a pessoa bem e demonstrar interesse. "A melhor coisa a fazer é conhecer sua paquera. Fale com ela ao telefone. Ligue algumas vezes e, se ela ligar de volta, saberá que você está interessado". Para Kevin, a chave é demonstrar interesse na família e no passado da pessoa. "Se uma garota não pergunta ou não demonstra nenhum interesse pelo meu passado ou família, isso imediatamente me deixa preocupado". Joe gosta de meninas "boazinhas" e ressalta: "Elas não podem fumar nem usar drogas".

Veja também: Garotas ideais

Paul Kevin Jonas Sr.

Criado no estado norte-americano da Carolina do Norte, o pai dos Jonas Brothers, Paul Kevin Jonas Sr. ("Sênior"), seguiu as carreiras de músico gospel e pastor protestante. Além de ser apaixonado pelo aspecto criativo da música (Kevin Sr. compõe, canta e toca violão e piano), ele sempre se interessou pelo aspecto prático do mundo da música, prestando atenção na carreira dos produtores e empresários que trabalhavam nos bastidores do mundo pop. À medida que a carreira dos Jonas Brothers decolava, ele acumulou as funções de professor de canto, empresário, produtor e fã número 1 dos meninos, sem nunca abandonar o lado "paizão".

Veja também: Denise Jonas, Wyckoff, Xará

Peter Pan

Quando era criança, Nick surtava se alguém desligasse seu VHS favorito da época: a versão em musical da Broadway do clássico *Peter Pan*. Além disso, seu filme favorito, *Em busca da Terra do Nunca*, é sobre o autor da peça *Peter Pan*.

Play my music

É a música que os Jonas Brothers tocam no "Jam da Praia" do filme *Camp Rock*. Na trama, é uma música nova da banda Connect 3, composta por Shane Gray (Joe Jonas) durante o acampamento.

Veja também: *Camp Rock*, Connect 3

Polaroide

Joe Jonas aposta no estilo retrô até mesmo para tirar fotos – armado com uma antiga polaroide, é o responsável por registrar os melhores momentos e os bastidores da banda durante as turnês. Para ele, a câmera analógica é mais interessante que a digital, uma vez que ela tira fotos reveladas instantaneamente, sem retoques no Photoshop. No mercado desde 1948, a máquina fotográfica de revelação instantânea Polaroid deixou de ser fabricada em fevereiro de 2008. A câmera não conseguiu competir com as máquinas digitais modernas e os celulares.

Presidente

Uma brincadeira recorrente entre os Jonas Brothers é comentar que Nick um dia será eleito presidente. Afinal, ele é o mais responsável dos três. E, se Joe fosse eleito, o que aconteceria? "Meu primeiro ato seria distribuir algodão-doce a todos", declarou para uma revista.

Primeiro beijo

Kevin e Nick beijaram pela primeira vez aos 13 anos. Joe demorou um pouquinho mais: seu primeiro beijo foi aos 16.

Prince

You don't have to be rich to be my girl
You don't have to be cool to rule my world
Ain't no particular sign I'm more compatible with

I just want your extra time and your
Kiss

Você não precisa ser rica para ser minha garota
Você não precisa ser legal para dominar meu mundo
Eu não sou compatível com nenhum signo em particular
Eu só quero seu tempo extra e seu
beijo

(*Kiss* – Prince)

A música *Kiss* do cantor norte-americano de R&B Prince foi a inspiração para *Burnin'up*, a segunda faixa do álbum "A little bit longer". Na estrada, em um dia quente de verão, os Jonas Brothers ouviram a música na rádio e a ideia de *Burnin'up* apareceu. De acordo com Nick, assim como a música de Prince, *Burnin'up* fala sobre a "garota que você sempre quis".

Veja também: "A little bit longer"

Processo criativo

Você já pensou como os Jonas Brothers compõem suas músicas? Nick conta: "Algumas vezes a gente teve a ideia da melodia primeiro e depois adicionou as letras. Mas na maioria das vezes acho que criamos tudo ao mesmo tempo".

Quartos

Na casa da família Jonas em New Jersey, Joe e Kevin dividem o mesmo quarto. Já Nick dorme com o irmão caçula, Frankie – o Jonas Bônus. Por causa disso, o quarto do astro vive bagunçado pelos brinquedos e jogos do pequeno Frankie.

Veja também: Jonas Bônus

Red Bull

Em sua versão sem açúcar, é uma das bebidas favoritas de Nick Jonas. "Ela deixa minha energia lá no alto. Eu devo beber umas três latinhas por dia".

Veja também: Diabetes

Relíquia

O primeiro CD dos Jonas Brothers, "It's about time", foi lançado em 2006 pela Columbia. Como os meninos trocaram de gravadora em seguida, o álbum nunca foi relançado, tornando-se item de colecionador.

Veja também: "It's about time"

Repertório

Do repertório dos Jonas Brothers, Nick destaca *Still in love with you*, Kevin gosta de *S.O.S.* e Joe elegeu a música *Austrália* por gostar muito de visitar aquele país. Todas as músicas são do álbum "Jonas Brothers", de 2007.

Veja também: Canguru, "Jonas Brothers"

Revista Rolling Stone

Os irmãos apareceram na capa da edição número 1.058 da revista americana *Rolling Stone* no dia 7 de agosto de 2008. Na capa, uma foto dos três usando jaquetas de couro preto emoldurava a chamada "Os Jonas Brothers: Deus! Garotas! Guitarras!" ("The Jonas Brothers: God! Girls! Guitars!"). Na edição, há ainda uma reportagem escrita por Jason Gay sobre os meninos com o título "The clean teen machine" ("A máquina adolescente careta").

Ryan Liestman

O tecladista dos Jonas Brothers nasceu no dia 25 de setembro de 1982, na cidade de Minneapolis, Minnesota. Além de participar do Jonas Brothers como músico de apoio, desde o colegial Ryan possui uma banda de reggae chamada The Rule, que já chegou a excursionar com a cantora Cindy Lauper.

S

Salão de beleza

Foi em um salão de beleza, em meio a secadores e tesouras, que Nick Jonas começou sua carreira de cantor, aos seis anos. Nick estava acompanhando sua mãe – e cantando! – quando uma mulher comentou que, com aquela voz, ele deveria tentar um papel na Broadway. O conselho foi seguido pelos pais de Nick, que logo estreou nos palcos.

Veja também: Broadway, Denise Jonas

Selena Gomez

Selena Gomez é a protagonista do seriado *Os feiticeiros de Waverly Place* e a melhor amiga de Demi Lovato. As duas postam vídeos no YouTube regularmente. Uma paródia dos vídeos de Demi e Selena feita por Miley Cyrus levantou suspeitas de que Miley não se dá bem com a dupla. As suspeitas são alimentadas pelos rumores de que Selena Gomez esteja namorando Nick Jonas – no clipe de *Burnin'up*, ela faz uma ponta como par romântico do rapaz.

Veja também: Demi Lovato, Ex-namorada, Miley Cyrus, Time de Demi e Selena
Confira no YouTube: Miley Cyrus mocking Selena Gomez and Demi Lovato

Semelhanças

Você já reparou o quanto Kevin, Joe e Nick são parecidos? Joe e Nick têm o mesmo formato de lábios, Kevin e Nick, o mesmo formato de nariz, e Kevin e Joe, o mesmo formato de nariz, lábios e olhos.

Shelf

A música teve o seu refrão escrito, literalmente, "no ar", nos fundos de um avião. O restante da música foi escrito no terminal do aeroporto. Kevin ressalta que quase todo o álbum "A little bit longer" foi escrito "na terra e no ar".

Veja também: "A little bit longer"

Show secreto

Sempre que os ingressos para o show dos Jonas Brothers se esgotam muito rápido, os meninos gostam de fazer um "show secreto", uma apresentação-surpresa e gratuita para os fãs que não conseguiram adquirir os ingressos. O único problema é que essas apresentações nunca permanecem secretas por muito tempo, e o "show secreto" torna-se quase tão concorrido quanto o oficial.

Soneca

Nick não dispensa seu "sono de beleza" à tarde. Joe conta que o irmão mais novo consegue dormir em qualquer lugar, não importa o quanto seja desconfortável.

Veja também: Despertador

Sorry

Os Jonas Brothers escreveram essa música junto com o produtor John Fields. Kevin conta que essa é uma música "muito próxima do coração" dos três. *Sorry* é um verdadeiro pedido de desculpas para os amigos e a família, por nem sempre os Jonas Brothers conseguirem manter promessas e ficar ao lado deles.

Veja também: "A little bit longer"

Sorvete

Se Joe pudesse criar um novo tipo de sorvete, ele inventaria um à prova de derretimentos. "Seria tipo um sorvete espacial", comenta o astro.

Steve Jobs

O comandante-chefe da Apple é listado como uma das "celebridades mais legais" que os Jonas Brothers já conheceram.

Veja também: iPhone

Stevie Wonder

O cantor é o autor de uma das músicas favoritas de Nick Jonas: *Superstition*, que faz parte do disco "Talking book", de 1972. Foi eleita a 74ª "melhor música de todos os tempos" pela revista *Rolling Stone*.

Veja também: Revista *Rolling Stone*

Switchfoot

É a banda favorita de Nick Jonas. Formada em 1997 em San Diego, Califórnia, a Switchfoot alcançou a fama depois que quatro músicas suas foram incluídas na trilha sonora do filme *Um amor para recordar*. A banda às vezes é classificada como "cristã" – rótulo que os músicos rejeitam. O vocalista e guitarrista Jon Foreman declarou: "Para nós, [ser cristão] é fé, não um rótulo".

T

Taylor Swift

- Em entrevista ao programa The Ellen DeGeneres Show, a cantora country Taylor Swift não só admitiu o namoro com Joe Jonas como falou sobre o fim do romance. "Esse cara não faz mais parte da minha vida", e completou dizendo que Joe terminou o namoro com ela por telefone, em uma ligação que demorou apenas "27 segundos". Na opinião dela, terminar um namoro em 27 segundos "deve ser um recorde". A entrevista foi ao ar nos Estados Unidos no dia 11 de novembro de 2008. Pouco tempo depois, surgiram rumores de que Joe Jonas teria traído Taylor com a atriz Camilla Belle, que participou do clipe *Lovebug*.

- Joe esclareceu o assunto em sua página no MySpace: "O que eu escrever aqui será sincero e de coração. Eu nunca traí uma namorada. Insinuar que fui infiel pode fazer alguém se sentir melhor, mas isso simplesmente não é verdade. Talvez existissem razões para o rompimento. Talvez meu coração tenha seguido em frente. Talvez sentimentos tenham mudado. Eu estou verdadeiramente entristecido que qualquer uma dessas coisas tenha feito vocês pensarem mal de mim".

- Sobre os "27 segundos", Joe escreveu: "Eu liguei para discutir meus sentimentos com a outra pessoa. Aparentemente, tais sentimentos não foram bem recebidos. Não terminei a conversa. Outra pessoa o fez. Telefonemas só duram enquanto a pessoa do outro lado da linha está disposta a conversar".

- "Sempre que você está num relacionamento, não importa há quanto tempo, problemas (desavenças?) surgem. Às vezes eles são resolvidos. Outras vezes seus sentimentos mudam. E esse foi o caso, recentemente".

- Joe concluiu escrevendo que, apesar de "desejar o melhor" para a outra pessoa, não podia mais ficar quieto e deixar os fãs "com a impressão errada da verdade".

Veja também: Ellen DeGeneres, Ex-namorada, *Forever and always*, *Lovebug*

Time de Demi e Selena

Em 2008, Kevin Jonas foi fotografado vestindo uma camiseta com a frase "Team Demi and Selena" (Time de Demi e Selena). A mídia interpretou o gesto como uma alfinetada em Miley Cyrus, que teria certa rivalidade com as duas novas estrelas da Disney.

Veja também: Demi Lovato, Ex-namorada, Miley Cyrus, Selena Gomez

Titanic

Durante a turnê When You Look Me in the Eyes, os Jonas Brothers visitaram uma exibição cujo tema era o navio *Titanic*, em Las Vegas. Falando em *Titanic*, a cantora da música-tema do filme *Titanic* (1997), Celine Dion, dançou e cantou um trecho de *S.O.S.* nos bastidores do American Music Awards.

Veja também: Vidro quebrado

Três dimensões

O filme *Jonas Brothers: o concerto 3D experiência* mostra os bastidores e shows da turnê Burnin'up em alta definição. O diretor Bruce Hendricks possui experiência – ele dirigiu outro sucesso em 3D, *Hannah Montana/Miley Cyrus: o melhor de dois mundos*, que contava com a participação especial dos Jonas Brothers. O lançamento está previsto para o primeiro semestre de 2009.

Veja também: Best of Both Worlds Tour, Miley Cyrus

Truque

Para agilizar as trocas de roupa no palco, quase todas as roupas dos Jonas Brothers possuem botões falsos e são fechadas, na verdade, por velcros. Assim, fica mais fácil "arrancar" a jaqueta no meio de uma música.

Tubarão

Um bebê-tubarão de verdade conservado em formol? Vale tudo para ficar na memória dos Jonas Brothers. Kevin diz que esse foi o presente mais memorável dado por uma fã, e que agora o bebê-tubarão fica guardado no quarto do irmãozinho Frankie.

U

Uma dobra no tempo

É o título do livro favorito de Joe, lançado em 1962 pela escritora norte-americana Madeleine L'Engle.

V

Verdade ou desafio?

Quem nunca brincou de verdade ou desafio? Durante uma dessas sessões, Kevin Jonas foi desafiado a beijar uma garota. Ele confessou que cumpriu a tarefa!

Vidro quebrado

It's like I'm walking on broken glass
Better believe I bled

É como andar sobre vidro quebrado
Melhor acreditar, eu sangrei

(*S.O.S.* – Jonas Brothers)

Joe Jonas levou a música *S.O.S.* muito ao pé da letra durante a performance da banda na premiação American Music Awards, no dia 18 de novembro de 2007. Joe tropeçou na estrutura de vidro que explodia no começo da música e cortou a mão esquerda. Sem perder a pose, o astro levantou em seguida e cantou a música até o final.

Veja também: Cicatriz

Vivendo o Sonho!

Living the Dream é título do *reality show* gravado durante a turnê dos Jonas Brothers pelos Estados Unidos em 2007, chamada de When You Look Me in the Eyes. O programa é composto por 15 episódios com duração média de 5 minutos, sempre narrados por um dos três irmãos e revelando o dia a dia dos Jonas Brothers. O primeiro episódio da série foi ao ar nos Estados Unidos no dia 16 de maio de 2008 e o último, no dia 5 de setembro de 2008.

Veja também: Maya Kibble, *Titanic*
Confira no YouTube: Jonas Brothers Living the Dream

W

Waffle

Para Joe Jonas, um *rockstar* é alguém que sobe no palco todas as noites, toca na frente de milhares de pessoas e depois sai naturalmente para comer *waffles*.

We got the party with us

É o título da música em que os Jonas Brothers dividem os microfones com a amiga Miley Cyrus/Hannah Montana. Eles apresentaram a música no episódio de *Hannah Montana* em que fizeram uma participação especial. O vídeo da apresentação ao vivo da música mostra Miley dando um beijo na bochecha de Nick – o que na época só aumentou os boatos sobre um possível namoro entre os dois.

Veja também: Best of Both Worlds Tour, "Eu e o sr. Jonas e o sr. Jonas e o sr. Jonas", Ex-namorada, Miley Cyrus

Wyckoff

É a cidade onde os Jonas Brothers cresceram. A teoria mais aceita sobre a origem do estranho nome da cidade diz que ele veio da palavra *wickoff*, que significa "lugar alto" no dialeto indígena lenape.

X

Xará

Dois membros da família Jonas compartilham o mesmo nome: o patriarca da família e seu filho mais velho foram batizados de Paul Kevin. Para evitar confusões, o nome do filho recebeu o "II" para ser diferenciado - e ficou Paul Kevin II, mais conhecido como Kevin Jonas.

Veja também: Paul Kevin Jonas Sr.

Xícara

Quando tinha nove anos, Nick Jonas vestiu uma fantasia de xícara de quinta a domingo, durante seis meses inteiros. Isso aconteceu quando o astro participou do elenco do musical da Broadway *A Bela e a Fera*, no papel da xícara Chip.

Veja também: Broadway

Y

Yankees

Nick diz que sua peça de roupa preferida é um boné do New York Yankees, time de beisebol.

Veja também: Perfil de Nick

YouTube

É um dos principais canais de divulgação para os Jonas Brothers. É no site de compartilhamento de vídeos que os fãs postam vídeos, homenagens e montagens sobre a banda. Nick, Joe e Kevin também postam com regularidade através do seu canal oficial, publicando videoclipes, imagens de bastidores e momentos de descontração dos Jonas Brothers.

Z

Zelo

O sentimento de dedicação é uma das principais características de Denise Jonas. A mãe dos Jonas Brothers e do Jonas Bônus está sempre com seus filhos – ela participa das turnês, cuida da agenda, ajuda nas lições de casa e tenta manter a rotina da família o mais normal possível. Suas especialidades são culinária italiana e acordar Kevin, Joe e Nick com jeitinho.

Veja também: Caçarola de ovo, Denise Jonas

Zutons

Formada na Inglaterra em 2001, a banda indie Zutons é uma das favoritas de Nick no momento: "Eu bem que gostaria de pegar emprestada a habilidade musical deles por alguns dias".

Índice

A

B

C

D

E

Quer entrar em contato diretamente com Kevin, Joe e Nick? Então anote aí os contatos dos Jonas Brothers:

Jonas Brothers
Hollywood Records
500 S. Buena Vista Street
Burbank, CA 91521

Jonas Brothers
The Disney Channel
3800 Alameda Ave.
Burbank, CA 91505

Jonas Brothers
Fã Clube
P.O. Box 2567
Oak Ridge NJ 07438

Visite os sites

www.jonasbrothers.com

www.jonasbrasil.com